Viel Spaß beim

Kochen für Freunde

und gutes Gelingen

wünschen

alle Zwergenköche

Dieses Buch gehört:

Zwergenstübchen

Zwergenstübchen

Kochen für Freunde

Kaufmann Verlag

Kochen für Freunde – leckere Zwergenstübchen Kochrezepte

Dieses Zwergenstübchen Buch ist ein zauberhaftes „Tischlein deck dich".

Wie im Märchen können Sie Ihre Gäste mit den köstlichen Gerichten der Zwergenköche nach Herzenslust verwöhnen. Sie finden zu jedem Anlass das passende Rezept – vom herzhaften Essen bis zum festlichen Menü haben die Zwerge alles vorbereitet.

Selbst Kinder und Ihre Freunde werden von den speziell für sie ausgewählten Rezepten begeistert sein.

Das Zwergenstübchen und alle Zwergenköche wünschen Ihnen viel Freude beim Ausprobieren der leckeren Kochrezepte und schöne Stunden im Familien- und Freundeskreis.

Elke und Timo Schuster

Zwergenstübchens-Kostprobe

800 g Fischfilet mit etwas Zitronensaft, Salz, Pfeffer würzen und in eine gefettete Auflaufform legen. 100 g geschmolzene Butter, 3 Teelöffel Senf, 100 g geriebener Hartkäse, 1 kleingewürfelte Zwiebel, 40 g Semmelbrösel, 1 Esslöffel feingehackter Dill gut verrühren. Diese Käse-Kräuter-Masse auf den Fisch streichen. Im vorgeheizten Backofen bei 170 Grad ca. 30 Minuten garen.

Das Zwergenstübchen wünscht einen guten Appetit!

FEINE TOMATEN

Zutaten:
6 Tomaten
4 Mozzarella-Käse
etwas Kräutersalz
und Basilikum
etwas Olivenöl
etwas Pfeffer aus
der Mühle

Zubereitung:
Tomaten und Mozzarella in Scheiben schneiden, auf jede etwas Salz sowie Basilikum streuen. Abwechselnd Tomaten- und Mozzarella-Scheiben reihenweise in eine gefettete Auflaufform schichten. Mit Olivenöl beträufeln und den gemahlenen Pfeffer darüber geben. Im vorgeheizten Backofen bei 200 Grad ca. 20 Minuten garen. Die feinen Tomaten mit Baguette servieren.

KochKurs
BEGINN
12 00

KARTOFFEL-PFANNE

Zutaten:
1 kg Kartoffeln
etwas Öl
etwas Salz und
Rosmarin
2 Zwiebeln
2 Stangen Lauch
2 rote Paprikaschoten
150 g durchwachsener
Speck
200 g Pilze
etwas Öl
etwas Salz, Pfeffer
und Majoran
1/2 Bund Petersilie

Zubereitung:
Die gekochten Kartoffeln schälen, in Scheiben schneiden, abkühlen lassen. Danach in heißem Öl anbraten, gut würzen. Währenddessen Zwiebel- und Lauchringe, Paprikastreifen, kleine Speckwürfel sowie blättrig geschnittene Pilze ebenso in heißem Öl anbraten, mit den Gewürzen abschmecken. Zum Schluss Kartoffelscheiben und Gemüse vermischen, kleingehackte Petersilie darüber streuen.

ZWERGEN-LIEBLINGS-SCHNITZEL

Zutaten:

Schnitzel mit Füllung:
8 dünne Schnitzel
etwas Salz und Pfeffer
8 dünne Scheiben durchwachsener Speck
2 Zwiebeln
250 g Pilze
etwas Öl
8 dünne Scheiben Gouda
etwas Salbei und Thymian

Tomatensoße:
1 Zwiebel
500 g Tomaten
375 ml Gemüse- oder Fleischbrühe
2 Esslöffel Tomatenmark
etwas Salz, Pfeffer, Paprika und Thymian
1 Becher Crème fraîche

Zubereitung:

Auf die gewürzten Schnitzel jeweils eine Scheibe Speck legen. Darauf die in heißem Öl angedünsteten, feingehackten Zwiebeln und kleingeschnittenen Pilze verteilen, mit je einer Käsescheibe abdecken. Salbei, Thymian darüber streuen. Die Schnitzel aufrollen, mit Zahnstochern feststecken, danach in heißem Öl von allen Seiten anbraten. Kleingehackte Zwiebel, enthäutete, gewürfelte Tomaten zufügen, kurz mitdünsten. Brühe dazugeben, Tomatenmark einrühren, gut würzen. Nun bei schwacher Hitze ca. 30 Minuten köcheln lassen. Die Schnitzel immer wieder wenden und mit der Soße begießen. Zum Schluss Crème fraîche unterziehen.

LECKERES AUS HACKFLEISCH

1. Überbackene Frikadellen

Zutaten:
1 Brötchen vom Vortag
1 Zwiebel
1/2 Bund Petersilie
etwas Öl
600 g Hackfleisch
1 Ei
etwas Salz, Pfeffer,
Paprika und Majoran
3 Tomaten
60 g geriebener Hartkäse

Zubereitung:
Das zuvor in Wasser eingeweichte, gut ausgedrückte Brötchen mit kleingewürfelter Zwiebel und feingehackter Petersilie in heißem Öl andünsten. Etwas abgekühlt zu dem Hackfleisch geben, Ei und Gewürze zufügen, gut vermischen. Daraus Frikadellen formen, diese in heißem Öl von beiden Seiten anbraten. Anschließend jede Frikadelle mit einer Tomatenscheibe belegen, Hartkäse darauf verteilen und im vorgeheizten Grill kurz überbacken.

2. Würstchen und Kugeln

Zutaten:
500 g Hackfleisch
1 Zwiebel
1 Ei
2 Esslöffel Tomatenmark
1/2 Bund Petersilie
etwas Salz, Pfeffer
und Oregano
Semmelbrösel
etwas Öl

Zubereitung:
Hackfleisch, kleingewürfelte Zwiebel, Ei, Tomatenmark, feingehackte Petersilie und Gewürze gut vermischen. Daraus kleine Würstchen bzw. Kugeln formen. Diese in Semmelbrösel wenden, anschließend in heißem Öl schwimmend ausbacken. Dazu schmeckt besonders gut Kartoffelsalat.

KARTOFFELSALAT

Zutaten:
1 kg festkochende Kartoffeln
$^{1}/_{4}$ l Gemüse- oder Fleischbrühe
3 Esslöffel Essig
1 kleine Zwiebel
1 Teelöffel Salz
etwas Pfeffer
5 Esslöffel Öl
Schnittlauchröllchen

Zubereitung:
Die gekochten, geschälten, noch warmen Kartoffeln in dünne Scheiben schneiden. In die heiße Brühe den Essig, kleingehackte Zwiebel sowie die Gewürze geben, leicht abkühlen lassen. Das Öl vorsichtig unter die Kartoffeln ziehen. Anschließend mit der gewürzten Brühe übergießen, zugedeckt etwa eine Stunde durchziehen lassen. Vor dem Servieren Schnittlauchröllchen darüber streuen.

GEFÜLLTE AUBERGINEN

Zutaten:

$^3/_4$ Tasse Reis
1 $^1/_2$ Tassen Wasser
4 Auberginen
etwas Salz
2 Zwiebeln
etwas Olivenöl
3 Tomaten
250 g Pilze
etwas Knoblauchsalz,
Pfeffer und Paprika
etwas Gemüsebrühe
200 g geriebener Hartkäse

Zubereitung:

Reis in Wasser garen. Auberginen der Länge nach halbieren, das Fruchtfleisch heraus nehmen. Alle Auberginenhälften innen salzen. Das zerkleinerte Fruchtfleisch sowie die feingehackten Zwiebeln in heißem Öl andünsten. Anschließend die Tomatenwürfel (Tomaten zuvor enthäuten) und blättrig geschnittenen Pilze dazugeben, mitdünsten, gut würzen. Gemüse und Reis vermischen. Den Gemüsereis in die Auberginenhälften füllen. Etwas Brühe in eine gefettete Auflaufform gießen, Auberginenhälften hinein setzen, mit Käse bestreuen. Im vorgeheizten Backofen bei 200 Grad ca. 30 Minuten überbacken.

GEMÜSE-FLEISCH-TOPF

Zutaten:
500 g Schweinegulasch
etwas Salz und Pfeffer
2 Auberginen
2 Zwiebeln
2 gelbe Paprikaschoten
3 Tomaten
2 Zucchini
etwas Olivenöl
etwas Knoblauchsalz,
Pfeffer, Basilikum
und Thymian

Zubereitung:
Gulasch in heißem Öl anbraten, würzen, mit Wasser ablöschen, zugedeckt ca. 30 Minuten garen. Auberginen in Scheiben schneiden, salzen, 20 Minuten stehen lassen. Zwiebelringe in heißem Öl glasig dünsten, Paprikastreifen und enthäutete, zerkleinerte Tomaten zufügen, ca. 10 Minuten köcheln lassen. Zum Schluss die Auberginen- sowie Zucchinischeiben in heißem Öl anbraten, danach mit dem Gulasch unter das Gemüse mischen und gut würzen.

KARTOFFEL-GRATIN

Zutaten:
1 kg Kartoffeln
3 Zwiebeln
etwas Öl
1 Bund Petersilie
200 g geriebener Gouda
etwas Kräutersalz
und Thymian
je 1/2 Becher süße
und saure Sahne

Zubereitung:
Gekochte Kartoffeln schälen, in Scheiben schneiden, abkühlen lassen. Kleingewürfelte Zwiebeln in heißem Öl glasig dünsten. Eine gefettete Auflaufform nacheinander mit Kartoffelscheiben, Zwiebeln, feingehackter Petersilie und Käse belegen, in dieser Reihenfolge weiter schichten bis alle Zutaten aufgebraucht sind. Das Gratin mit Kartoffelscheiben und Käse abdecken. Beim Schichten beachten, dass auf jede Kartoffellage etwas Salz sowie Thymian gestreut wird. Zum Schluss Sahne, Salz, Thymian gut vermischen, über das Kartoffel-Gratin gießen. Im vorgeheizten Backofen bei 200 Grad etwa 30 Minuten backen.

Gebratene Champignons

Zutaten:

1 kg kleine Champignons, etwas Olivenöl, 1 Zwiebel, etwas Knoblauchsalz, Pfeffer, Paprika und Basilikum, 2 Esslöffel Mehl, 1/4 l Gemüsebrühe, 8 Tomaten, 1 Esslöffel Tomatenmark, 1 Becher süße Sahne

Zubereitung:

Champignons in heißem Öl anbraten, feingehackte Zwiebel dazugeben, mitdünsten und gut würzen. Mehl darüber stäuben, anschwitzen, mit Gemüsebrühe ablöschen. Enthäutete, kleingewürfelte Tomaten sowie Tomatenmark einrühren, etwa 25 Minuten köcheln lassen. Zum Schluss Sahne unterziehen. Die gebratenen Champignons mit Baguette servieren.

NUDELKUCHEN AUS DER PFANNE

Zutaten:
300 g Hörnchen-Nudeln
1 Zwiebel
etwas Öl
4 Eier
4 Esslöffel saure Sahne
etwas Knoblauchsalz,
Pfeffer und Curry
200 g geriebener Hartkäse

Zubereitung:
Die Nudeln kochen, abtropfen und auskühlen lassen. Kleingehackte Zwiebel in heißem Öl glasig dünsten, Nudeln zufügen, kurz mitbraten. Nun Eier, Sahne, Gewürze gut verquirlen, Hartkäse untermischen, zu den Nudeln geben. Alles verrühren, danach die Oberfläche glatt streichen, zugedeckt etwa 30 Minuten bei geringer Hitze stocken lassen. Anschließend einen großen Teller auf die Pfanne legen und den Nudelkuchen darauf stürzen.

KARTOFFELN MIT MOZZARELLA

Zutaten:
1 kg Kartoffeln
etwas Öl
etwas Salz und Pfeffer
200 g Champignons
5 Tomaten
etwas Knoblauchsalz
125 g Mozzarella-Käse
1/2 Becher süße Sahne
1 Bund Petersilie

Zubereitung:
Kartoffeln schälen, in Scheiben schneiden. Öl in einer Pfanne erhitzen, Kartoffelscheiben zufügen, würzen, ca. 10 Minuten anbraten (dabei Deckel auflegen). Die Kartoffeln wenden, blättrig geschnittene Champignons und Tomatenscheiben darüber geben (Tomaten zuvor enthäuten), alles gut würzen. Anschließend die Mozzarella-Scheiben darauf verteilen und mit Sahne begießen (Pfanne wiederum zudecken). Das Gericht in weiteren 20 Minuten fertig garen. Danach mit feingehackter Petersilie anrichten.

SAUERKRAUT MIT TOMATEN

Zutaten:
2 Zwiebeln
etwas Öl
750 g Sauerkraut
7 Tomaten
je 1/2 Becher süße
und saure Sahne
etwas Salz und
Paprika
50 g geriebener Hartkäse

Zubereitung:
Die kleingehackten Zwiebeln in heißem Öl glasig dünsten. Eine gefettete Auflaufform nacheinander mit Sauerkraut, Zwiebeln, Tomatenscheiben (Tomaten zuvor enthäuten) belegen. In dieser Reihenfolge weiter schichten bis alle Zutaten aufgebraucht sind. Tomatenscheiben als letzte Lage darauf geben. Sahne, Gewürze vermischen, über das Sauerkraut-Tomatengericht gießen und mit Käse bestreuen. Im vorgeheizten Backofen bei 200 Grad etwa 45 Minuten backen.

Käse-Lauchsuppe

Zutaten:

4 Stangen Lauch, 4 Möhren, etwas Butter, 1 1/2 l Gemüsebrühe, 3 Esslöffel Speisestärke, 1/2 Becher süße Sahne, 3 Ecken Schmelzkäse, etwas Salz und Pfeffer

Zubereitung:

Lauchringe und gewürfelte Möhren in heißer Butter andünsten, mit Gemüsebrühe auffüllen, ca. 10 Minuten köcheln lassen. Speisestärke mit etwas Wasser verquirlen, zu der Suppe geben, unter Rühren nochmals aufkochen. Sahne sowie kleingeschnittenen Käse zufügen, diesen bei niedriger Temperatur schmelzen lassen, anschließend die Suppe gut würzen.

Käse-Sahneschnitzel

Zutaten:

4 Schnitzel, etwas Salz, Pfeffer und Paprika, 200 g Bratwurstbrät, 1 Zwiebel, 1 rote Paprikaschote, 100 g geriebener Hartkäse, je 1/2 Becher süße und saure Sahne

Zubereitung:

Schnitzel beidseitig gut würzen. Jeweils eine Seite mit Bratwurstbrät bestreichen. Alle Schnitzel in eine gefettete, feuerfeste Form legen. Nun die Zwiebel- und Paprikawürfel darauf verteilen, mit Käse bestreuen. Sahne sowie etwas Salz, Pfeffer, Paprika verrühren, über die Schnitzel gießen. Im vorgeheizten Backofen (unterste Schiene) bei 225 Grad ca. 45 Minuten garen.

HERZHAFTES LINSENGERICHT

Zutaten:
250 g Linsen
200 g durchwachsener Speck
etwas Öl
1 1/2 l Gemüse- oder Fleischbrühe
1 Zwiebel
2 Lorbeerblätter
3 Nelken
4 Möhren
750 g Kartoffeln
1 Stange Lauch
etwas Salz und Pfeffer
2 Esslöffel Essig

Zubereitung:
Linsen in reichlich Wasser über Nacht einweichen. Den kleingewürfelten Speck in heißem Öl anbraten.

Danach Gemüse- oder Fleischbrühe, abgetropfte Linsen sowie die geschälte mit Lorbeerblättern und Nelken gespickte Zwiebel zufügen, nun etwa 20 Minuten köcheln lassen. Anschließend Möhren- und Kartoffelwürfel dazugeben, in weiteren 20 Minuten fertig garen. Die Lauchringe 5 Minuten vor Kochende unter das Linsengericht mischen. Zum Schluss mit Salz, Pfeffer und Essig abschmecken.

KARTOFFEL-SPINAT-KÜCHLEIN

Zutaten:
500 g Kartoffeln
280 g blanchierter Blattspinat
125 g geriebener Hartkäse
2 Eier
1 Esslöffel Mehl
etwas Knoblauchsalz, Pfeffer und geriebene Muskatnuss
etwas Öl

Zubereitung:
Kartoffeln kochen, schälen, noch heiß durch die Kartoffelpresse drücken, abkühlen lassen. Diese mit dem gut ausgedrückten, feingeschnittenen Spinat sowie Käse, Eiern, Mehl, Gewürzen zu einem glatten Teig verarbeiten. Daraus kleine Küchlein formen und in heißem Öl auf beiden Seiten goldgelb backen. Nun die Kartoffel-Küchlein mit Tomatensalat servieren.

MENÜ DER ZWERGENKÖCHE

1. Klößchensuppe

Zutaten:
$^{1}/_{4}$ l Milch
40 g Butter
etwas Salz und
geriebene Muskatnuss
120 g Grieß
2 Eier
1 Bund Petersilie
1 $^{1}/_{2}$ l Gemüse- oder
Fleischbrühe

Zubereitung:
Milch mit Butter aufkochen, Gewürze sowie Grieß zufügen, das Ganze zu einem Kloß rühren. Den Topf vom Herd nehmen, zuerst Eier, danach feingehackte Petersilie unterrühren.

Nun mit einem Teelöffel immer etwas Teig abstechen und daraus kleine Klößchen formen. Diese in kochende Gemüse- oder Fleischbrühe geben und bei schwacher Hitze ca. 5 Minuten ziehen lassen.

2. Knuspriger Käse

Zutaten:

4 halbe Camembert, 2 Esslöffel Mehl, 2 Eier, etwas Salz und Pfeffer, 100 g Semmelbrösel, Öl zum Ausbacken, 1 kleines Glas Preiselbeeren

Zubereitung:

Camembert zuerst in Mehl, danach in den mit Salz und Pfeffer verquirlten Eiern, anschließend in Semmelbrösel wenden. In heißem Öl schwimmend ausbacken. Den knusprigen Käse mit Preiselbeeren servieren.

3. Gourmet-Salat

Zutaten:

350 g Schwarzwurzel, 250 g rote Linsen,
3/4 l Gemüsebrühe, 2 Scheiben Toastbrot, 30 g Butter,
150 g Feldsalat. Marinade: 5 Esslöffel warme Gemüsebrühe,
4 Esslöffel Öl, 5 Esslöffel Essig, etwas Salz und Pfeffer

Zubereitung:

Geschabte Schwarzwurzeln in kochendem Wasser garen (etwas Salz, Essig zufügen). Linsen in Gemüsebrühe weich kochen. Die Salatmarinade aus Gemüsebrühe, Öl, Essig, Gewürzen zubereiten. Abgetropfte Linsen und Schwarzwurzeln (in Stücke schneiden) mit der Marinade vermischen, zugedeckt ca. 1 Stunde durchziehen lassen. Kleine Toastbrotwürfel in heißer Butter rösten. Zum Schluss Feldsalat unterheben, abgekühlte Brotwürfel darüber streuen.

4. Spätzle mit Filet

Zutaten:
Spätzle:
400 g Mehl
4 Eier
etwas Salz
ca. 1/8 l Wasser

Filet mit Soße:
600 g Schweinefilet in Scheiben geschnitten
etwas Salz und Pfeffer
etwas Öl
1 Zwiebel
350 g Champignons
1/2 Bund Petersilie
250 ml Gemüsebrühe
1 Becher süße und
1/2 Becher saure Sahne
1 Esslöffel Speisestärke
etwas Salz und Pfeffer
Saft einer halben Zitrone

Zubereitung:
Zuerst werden die Spätzle zubereitet. Mehl, Eier, Salz, Wasser verrühren und zu einem zähen Teig schlagen bis er Blasen wirft. 4 Liter Wasser mit etwas Salz zum Kochen bringen. In die Spätzlespresse Teig füllen, diesen in das kochende Wasser drücken. Die Spätzle sobald sie hochsteigen mit einem Schaumlöffel herausnehmen, durch frisches, heißes Wasser ziehen, gut abgetropft in eine Schüssel geben. Nun die Filetscheiben würzen, in heißem Öl von beiden Seiten anbraten. Danach mit etwas Wasser ablöschen, so lange köcheln lassen, bis das Fleisch gar ist. Filetscheiben zugedeckt warm halten.

Kleine Zwiebelwürfel, blättrig geschnittene Champignons, feingehackte Petersilie in heißem Öl andünsten, Gemüsebrühe sowie Bratenfond zufügen. Nach dem Erhitzen die mit Speisestärke verquirlte Sahne dazugeben. Soße unter Rühren zum Kochen bringen, gut würzen.

Zum Schluss Spätzle in einer Pfanne mit heißem Öl erwärmen. Vor dem Servieren die Spätzle sowie Filetscheiben auf einer Platte anrichten und mit Champignon-Soße übergießen. Alle Zwergenköche wünschen einen guten Appetit.

5. Sahnedessert

Zutaten:
250 g Sahnequark
125 g Mascarpone
1 Esslöffel Zucker
1 Becher süße Sahne
1 Päckchen Vanillezucker
1 Päckchen Sahnesteif
Obst nach Belieben
Schokoraspel

Zubereitung:
Quark, Mascarpone, Zucker schaumig rühren. Sahne, Vanillezucker, Sahnesteif schlagen, unter die Quark-Mascarpone-Creme ziehen und kalt stellen. Vor dem Servieren das Sahnedessert in Schälchen geben, Obst darauf verteilen und mit Schokoraspeln bestreuen.

TRÄUMEREI DER ZWERGENKÖCHE

1. Bananendessert

Zutaten:
3 Bananen
100 g Zartbitter-Schokolade
300 g Naturjoghurt
3 Esslöffel Zucker
1 Päckchen Vanillezucker

Zubereitung:
Dünn geschnittene Bananenscheiben und etwa 80 g geraspelte Schokolade vermischen. Joghurt, Zucker, Vanillezucker schaumig schlagen, über die Schoko-Bananenscheiben geben, danach kalt stellen. Vor dem Servieren das Bananendessert mit den restlichen Schokoladenraspeln bestreuen.

2. Kirschendessert

Zutaten:
50 g Speisestärke
4 Esslöffel Zucker
2 Päckchen Vanillezucker
1/2 l Buttermilch
1 Glas Kirschen

Zubereitung:
Speisestärke, Zucker, Vanillezucker mit etwas Buttermilch glatt rühren. Restliche Buttermilch zum Kochen bringen, Speisestärke zufügen, unter Rühren zu einer dicken Masse kochen.

Anschließend mit den abgetropften Kirschen (Saft aufheben) vermischen. Das Dessert in eine kalt ausgespülte Schüssel oder Puddingform füllen, etwa 2 Stunden kalt stellen. Vor dem Servieren auf einen Teller stürzen und den Kirschsaft dazu reichen.

FEINE BAGUETTE

Zutaten:

Kräuterbutter:
125 g Butter
1/2 Bund Petersilie
1/2 Bund Schnittlauch
etwas Dill
etwas Kräuter- oder Knoblauchsalz

1 Baguette

Zubereitung:

Butter schaumig rühren. Die feingehackten Kräuter untermischen, gut würzen. Das Baguette in etwa 1,5 cm dicke Scheiben schneiden und mit der frisch zubereiteten Kräuterbutter bestreichen. Die Brote auf ein gefettetes Backblech legen. Im vorgeheizten Backofen bei 200 Grad ca. 5 Minuten backen.

FRISCHKÄSETALER

Zutaten:

Teig:

250 g Mehl
2 Eigelb
125 g Butter
3 Esslöffel süße Sahne
etwas Salz

Belag:

350 g Kräuter-Frischkäse
4 Esslöffel saure Sahne
1/2 Bund Petersilie
etwas Kräutersalz

Zubereitung:

Alle Teigzutaten zu einem glatten Teig kneten, etwa 1 Stunde kalt stellen. Danach den Teig auf einer bemehlten Arbeitsfläche auswellen und runde oder rundgewellte Plätzchen von ca. 6 cm Ø ausstechen. Diese auf ein mit Back-Trennpapier ausgelegtes Backblech setzen. Im vorgeheizten Backofen bei 200 Grad ca. 15 Minuten backen (die Plätzchen zuvor mehrmals mit einer Gabel einstechen). Frischkäse, Sahne, feingehackte Petersilie verrühren, gut würzen. Die Creme in einen Spritzbeutel füllen, auf jedes erkaltete Plätzchen eine Rosette spritzen und bis zum Servieren kalt stellen.

Der Kochkurs ist nun zu Ende.
Die Zwerge präsentieren jedoch noch viele weitere
köstliche Gerichte nach dem Zwergenstübchen-Motto:
„Kochen für Freunde".

ZWERGENSTÜBCHENS ZWIEBELREZEPTE

1. Zwiebelsuppe

Zutaten:
900 g Zwiebeln, etwas Butter, etwas Knoblauchsalz, 350 g Tomaten, 1 1/2 l Gemüsebrühe, etwas Salz, Pfeffer und Majoran, 1/2 Stange Lauch

Zubereitung:
Feingeschnittene Zwiebelscheiben in heißer Butter ca. 10 Minuten dünsten, mit Knoblauchsalz würzen. Enthäutete, kleingeschnittene Tomaten, Gemüsebrühe sowie Gewürze zufügen und zugedeckt etwa 40 Minuten köcheln lassen. Lauchringe 5 Minuten vor Kochende untermischen. Die Zwiebelsuppe mit Baguette oder Toastbrot servieren.

2. Gebackene Zwiebelblüten

Zutaten:
12 Zwiebeln
100 g Mehl
etwas Salz
etwas Wasser

Zubereitung:
Die geschälten Zwiebeln in kochendem Salzwasser etwa 3 Minuten blanchieren, kalt abschrecken, trocken tupfen. Nun Mehl, Salz, Wasser zu einem glatten, dickflüssigen Teig verrühren. Anschließend jede Zwiebel mehrmals von oben nach unten bis kurz vor den Wurzelansatz rundherum einschneiden, damit eine Blüte entsteht. Diese vorsichtig öffnen und den vorbereiteten Teig einfüllen. Sind alle Zwiebelblüten gefüllt, werden die Zwiebeln noch ganz mit Teig umhüllt. Danach die offenen Blüten in heißem Fett schwimmend knusprig ausbacken.

3. Kleine Zwiebelkuchen

Zutaten:

Teig:
400 g Mehl
1 Würfel Hefe
1/2 Teelöffel Zucker
ca. 1/8 l lauwarme Milch
1 Teelöffel Kräutersalz
2 Eier
100 g Butter

Belag:
1 kg Zwiebeln
100 g durchwachsener Speck
etwas Butter
etwas Salz, Pfeffer
und Kümmel
1 Ei
3 Esslöffel Crème fraîche

Zubereitung:
Aus den Teigzutaten einen Hefeteig herstellen. Das Mehl in eine Schüssel sieben. Hefe, Zucker, Milch verrühren, mit dem Mehl vermischen. Salz, Eier sowie zerlassene Butter zufügen, alles zu einem glatten Teig kneten, so lange abschlagen bis er Blasen wirft, sich von der Schüssel löst und glänzt. Den Teig mit einem Geschirrtuch abdecken, bei Zimmertemperatur etwa 45 Minuten gehen lassen (bis er sich verdoppelt hat).

Währenddessen den Belag zubereiten. Zwiebelringe, kleingewürfelter Speck in heißer Butter andünsten, gut würzen. Ei, Crème fraîche verquirlen, zu den Zwiebeln geben, unterziehen. Nun den Teig auf einer bemehlten Arbeitsfläche kurz durchkneten und auswellen.

Anschließend Kuchenböden von ca. 18 cm Ø ausstechen. Diese auf ein gefettetes Backblech setzen, mit der Zwiebelmasse belegen. Im vorgeheizten Backofen bei 200 Grad ca. 35 Minuten backen.

REIS MIT ZUCCHINI UND TOMATEN

Zutaten:
1 Zwiebel
2 Tassen Reis
etwas Olivenöl
4 Tassen Wasser
1 Gemüsebrühwürfel
etwas Salz und Pfeffer
200 g Pilze
1 Zucchini
3 Tomaten
etwas Knoblauchsalz
und Pfeffer
100 g Parmesan-Käse
etwa 5 Tomaten zum
Anrichten

Zubereitung:
Feingehackte Zwiebel und den Reis in heißem Öl glasig dünsten. Wasser, Gemüsebrühwürfel zufügen, gut würzen, etwa 30 Minuten garen.

Währenddessen die Pilze, Zucchini, gehäutete Tomaten klein schneiden, ebenfalls in heißem Öl dünsten, mit den Gewürzen abschmecken. Danach Gemüse und Parmesan unter den gekochten Reis mischen. Vor dem Anrichten Tomaten in Scheiben schneiden, in heißem Öl kurz erhitzen, mit Salz bestreuen. Nun die Tomatenscheiben auf einen Teller legen, den Gemüsereis darauf geben.

KÄSE-CHAMPIGNON-MEDAILLONS

Zutaten:
1 große Lende in Scheiben geschnitten
etwas Salz und Pfeffer
etwas Öl
1 Zwiebel
250 g gekochten Schinken
500 g Champignons
$^{1}/_{4}$ l Gemüsebrühe
1 $^{1}/_{2}$ Becher süße Sahne
etwas Salz, Pfeffer, Paprika
1 Esslöffel Speisestärke
100 g geriebener Hartkäse

Zubereitung:
Lendenscheiben würzen, in heißem Öl anbraten. Die Medaillons heraus nehmen, in eine gefettete Auflaufform legen. Zwiebelwürfel, Schinkenstreifen, blättrig geschnittene Champignons in dem Bratenfond andünsten. Anschließend mit Gemüsebrühe ablöschen. Sahne zufügen, gut würzen. Danach die mit etwas Wasser verquirlte Speisestärke unterrühren und kurz kochen lassen. Schinken-Champignon-Soße über die Medaillons geben, Käse darüber streuen. Im vorgeheizten Backofen bei 200 Grad etwa 45 Minuten backen.

KRAUTSCHNECKEN

Zutaten:

Teig:
400 g Mehl
1/2 Teelöffel Backpulver
etwas Salz
2 Eier
6 Esslöffel Wasser
150 g Butter

Füllung:
200 g durchwachsener Speck
1 Zwiebel
etwas Öl
500 g Sauerkraut
Salz, Pfeffer und Kümmel
1 Becher Crème fraîche
ca. 1 l Fleisch- oder
Gemüsebrühe

Zubereitung:
Alle Teigzutaten zu einem glatten Teig kneten, kalt stellen. Für die Füllung feingeschnittene Speckstreifen und Zwiebelwürfelchen in heißem Öl anbraten. Zerkleinertes Sauerkraut dazugeben, einige Minuten mitdünsten, gut würzen. Crème fraîche unterrühren und abkühlen lassen. Nun den Teig auf einer bemehlten Arbeitsfläche rechteckig auswellen und die Sauerkrautmasse gleichmäßig darauf verteilen.

Den Teig von der Längsseite her aufrollen. Die Teigrolle in ca. 5 cm dicke Scheiben schneiden. Diese dicht nebeneinander in eine gefettete, feuerfeste Form setzen und so viel heiße Fleisch- oder Gemüsebrühe zufügen bis die Teig-Schnecken bedeckt sind. Anschließend das Sauerkraut-Gericht mit Alufolie abdecken, im vorgeheizten Backofen bei 180 Grad 20 Minuten garen. Danach die Folie entfernen, in weiteren ca. 25 Minuten fertig backen.

PAPRIKA-TOMATEN-STEAKS

Zutaten:
4 Schweinerücken-Steaks
etwas Salz, Pfeffer
und Paprika
etwas Mehl
etwas Öl
2 Zwiebeln
je 1 grüne und gelbe
Paprikaschote
4 Tomaten
3 Esslöffel Tomatenmark
$^1/_8$ l Gemüsebrühe
$^1/_2$ Becher süße Sahne
etwas Kräutersalz und
Pfeffer aus der Mühle

Zubereitung:
Die Steaks würzen, in Mehl wenden und beidseitig in heißem Öl kurz anbraten.

Danach die Fleischscheiben in eine gefettete, feuerfeste Form legen. Zwiebelringe sowie Paprikastreifen im Bratenfond andünsten. Tomatenachtel (Tomaten zuvor enthäuten), Tomatenmark, Gemüsebrühe, Sahne dazugeben, alles gut vermischen. Nun einige Minuten köcheln lassen, mit den Gewürzen abschmecken. Die Soße gleichmäßig über den Fleischscheiben verteilen und im vorgeheizten Backofen bei 220 Grad etwa 30 Minuten backen, die Form während der gesamten Backzeit mit Alufolie abdecken. Zu den Paprika-Tomaten-Steaks entweder Reis, Kartoffelpüree oder Nudeln reichen und mit Blattsalat servieren.

GRÜNKOHL NACH ZWERGENART

Zutaten:

1 Zwiebel

200 g Champignons

etwas Öl

500 g blanchierter Grünkohl

etwas Salz, Pfeffer und

$^{1}/_{2}$ Gemüsebrühwürfel

6 Brötchen vom Vortag

etwas Butter

150 g geriebener Hartkäse

3 Eier

$^{1}/_{2}$ l Milch

etwas Salz, Pfeffer und Curry

Zubereitung:

Kleine Zwiebelwürfel und Champignonscheiben in heißem Öl andünsten. Den gut ausgedrückten, feingeschnittenen Grünkohl dazugeben, mitdünsten, gut würzen. Auf die in dünne Scheiben geschnittenen Brötchen etwas Butter streichen. Boden und Seiten einer gefetteten Auflaufform mit einem Teil der Brötchenscheiben auslegen. Abwechselnd in Streifen hintereinander Grünkohlmasse und Brötchenscheiben schichten, anschließend den Käse darauf verteilen. Eier, Milch, Gewürze verquirlen, über das Grünkohlgericht gießen. Eine Stunde stehen lassen (damit die Brötchen von der Eiermilch durchtränkt werden). Danach im vorgeheizten Backofen bei 190 Grad ca. 40 Minuten backen.

PARMESAN-HIT

Zutaten:

4 Schnitzel
etwas Salz und Pfeffer
etwas Mehl
3 Eier
100 g Parmesan-Käse
etwas Öl

Zubereitung:

Schnitzel mit Salz und Pfeffer würzen, in Mehl wenden. Eier verquirlen, 2 Esslöffel Mehl sowie den Parmesan-Käse zufügen, alles gut verrühren. Anschließend die Schnitzel darin wälzen, Panade andrücken, danach in heißem Öl goldbraun braten. Die leckeren Parmesan-Schnitzel typisch italienisch mit Spaghetti und Tomatensoße servieren (Rezept Tomatensoße Seite 9).

KÄSE-POLENTA

Zutaten:

250 g Maisgrieß
3/4 l Wasser
4 Eigelb
150 g geriebener Hartkäse
1 Teelöffel Knoblauchsalz
etwas Oregano
1/2 Bund Petersilie
4 Eiweiß

Zubereitung:

Den Maisgrieß in das kochende Wasser einstreuen, bei geringer Hitze zu einem Brei rühren. Anschließend vom Herd nehmen, zugedeckt etwa zehn Minuten ausquellen lassen.

Die leicht abgekühlte Polenta mit Eigelb, 100 g geriebenem Hartkäse, Gewürzen und feingehackter Petersilie vermengen. Das steif geschlagene Eiweiß unterziehen. Nun die Masse in eine gefettete Auflaufform geben, restlichen Käse darüber streuen. Im vorgeheizten Backofen bei 200 Grad ca. 20 Minuten backen. Zur Käse-Polenta wird gerne Tomatensoße und Blattsalat gegessen (Rezept Tomatensoße Seite 9).

FEINE WÜRSTCHEN

Zutaten:
200 g Mehl
4 Eier
etwas Salz
$^1/_2$ l Milch
10 Wiener Würstchen

3 Pizzaformen-Backbleche
für jeweils 12 Mini-Pizzas

Zubereitung:
Mehl, Eier, Salz, Milch zu einem glatten Teig verrühren. Danach alle Würstchen in Scheiben schneiden. Diese in die gefetteten Förmchen legen, anschließend etwas Teig darüber gießen. Nun die Teig-Würstchen im vorgeheizten Backofen bei 200 Grad ca. 15 Minuten backen.

Nudeln mit Zucchini-Soße

Zutaten:
1 Zwiebel
etwas Öl
400 g Zucchini
$^1/_4$ l Milch
1 Becher süße Sahne
150 g Kräuter-Frischkäse
etwas Salz und Pfeffer
400 g Lieblings-Nudeln

Zubereitung:
Kleingehackte Zwiebel in heißem Öl glasig dünsten, geraspelte Zucchini kurz mitdünsten. Milch, Sahne unterrühren, ca. 10 Minuten köcheln lassen. Frischkäse zufügen, alles pürieren und würzen. Die gekochten, abgetropften Nudeln mit der Zucchini-Soße servieren.

Möhren-Küchlein

Zutaten:
6 Eier
1 $^1/_2$ Becher Crème fraîche
100 g Mehl
etwas Kräutersalz
500 g Möhren
200 g geriebener Gouda
Öl zum Ausbacken

Zubereitung:
Eier, Crème fraîche verquirlen, das Mehl einrühren, würzen. Feingeraspelte Möhren und den Gouda untermischen. Die Teigmasse 20 Minuten ruhen lassen. Öl in einer Pfanne erhitzen, pro Küchlein einen gehäuften Esslöffel Teig hinein geben, flachdrücken, beidseitig goldgelb ausbacken und heiß servieren.

Überraschungs-Kartoffelbrei

Zutaten:
1 kg Kartoffeln
etwas Salz
50 g Butter
etwas geriebene Muskatnuss
$^1/_2$ l Milch
2 Paar Bratwürste
etwas Öl
400 g Möhren
250 g Erbsen
1 Esslöffel Mehl
1 Becher süße Sahne
etwas Kräutersalz und
Kräuter der Provence
1 Bund Petersilie
etwas Butter

Zubereitung:
Die geschälten, halbierten Kartoffeln in leicht gesalzenem Wasser weich kochen, danach durch die Kartoffelpresse drücken. Butter, Muskatnuss dazugeben, die heiße Milch langsam einrühren. Den Kartoffelbrei so lange schlagen, bis er weiß und locker ist.

Nun die enthäuteten, in Scheiben geschnittenen Bratwürste in heißem Öl anbraten. Kleine Möhrenwürfel und Erbsen zufügen, mitdünsten. Danach mit Mehl bestäuben, Sahne einrühren, etwa 10 Minuten köcheln lassen, gut würzen. Petersilie fein hacken und unterziehen.

Die Hälfte des Kartoffelbreis in eine gefettete Auflaufform füllen, das Würstchen-Gemüse darauf geben, mit dem restlichen Kartoffelbrei abdecken. Zuletzt Butterflöckchen darüber verteilen. Im vorgeheizten Backofen bei 175 Grad ca. 45 Minuten backen.

Bananen-Pfannkuchen

Zutaten:

Teig:
125 g Mehl
50 g gemahlene Mandeln
60 g Zucker
3 Eigelb
1/4 l Milch
etwas Mineralwasser
3 Eiweiß
Fett zum Ausbacken

Füllung:
3 Esslöffel gehobelte Mandeln
3 Esslöffel Kokosraspel
2 Esslöffel Zucker
1/2 Teelöffel Zimt
4 Bananen
etwas Butter

Zubereitung:

Mehl, Mandeln, Zucker, Eigelb, Milch, Mineralwasser zu einem glatten Teig verrühren, steifgeschlagenes Eiweiß unterziehen. Dünne Pfannkuchen in heißem Fett ausbacken und warm halten. Für die Füllung Mandeln, Kokosraspel, Zucker, Zimt in Butter anrösten. Bananen der Länge nach halbieren, ebenso in Butter anbraten. Auf jeden Pfannkuchen eine Bananenhälfte legen und etwas Mandel-Kokosmasse darüber geben. Die Bananen-Pfannkuchen auf einer vorgewärmten Platte anrichten.

Kirschenauflauf

Zutaten:

1/2 l Milch, 6 Brötchen vom Vortag,
80 g Butter, 100 g Zucker, 4 Eigelb, 1/2 Teelöffel Zimt,
2 Gläser Kirschen, 4 Eiweiß

Zubereitung:

Warme Milch über die feingeschnittenen Brötchenscheiben gießen, zugedeckt ca. 1 Stunde durchziehen lassen. Butter schaumig schlagen, abwechselnd Zucker, Eigelb, Zimt dazugeben, das Ganze cremig rühren. Nach und nach die Brötchenmasse einrühren, anschließend die abgetropften Kirschen sowie den Eischnee unterziehen. Den Teig in eine gefettete Auflaufform füllen. Im vorgeheizten Backofen bei 220 Grad etwa 45 Minuten backen.

Zubereitung Hefeteig

Mehl in eine Schüssel sieben. In die Mitte eine Mulde drücken, Hefe hinein bröckeln, ein wenig Zucker zufügen und mit etwas lauwarmer Milch glatt rühren. Mehl darüber stäuben und die Schüssel mit einem Geschirrtuch abdecken. Den Vorteig ca. 15 Minuten gehen lassen. Eier, Salz, weiche Butter, Zucker, Milch (zzgl. Kartoffeln erstes Rezept) dazugeben, zu einem glatten Teig kneten. Diesen so lange abschlagen bis er Blasen wirft, sich von der Schüssel löst und glänzt. Den Teig zugedeckt bei Zimmertemperatur ca. 1 Stunde gehen lassen (bis er sich verdoppelt hat). Nun entsprechend den folgenden Rezepten weiter verarbeiten.

Süße Küchlein

Zutaten:
250 g Kartoffeln
250 g Mehl
1/2 Würfel Hefe
30 g Zucker
1/8 l lauwarme Milch
1 Ei
40 g Butter

Zubereitung:
Kartoffeln am Vortag kochen, schälen, noch heiß durch die Kartoffelpresse drücken, kalt stellen. Alle Zutaten zu einem Hefeteig verarbeiten. Danach den Teig auf einer bemehlten Arbeitsfläche kurz durchkneten, ca. 1 cm dick auswellen. Nun Kreise von etwa 6 cm Ø ausstechen. Die Küchlein zugedeckt 20 Minuten gehen lassen, anschließend in heißem Fett schwimmend goldbraun ausbacken. Sie schmecken mit Zucker und Zimt bestreut besonders gut zu Apfelmus oder Kompott.

Dampfnudeln

Zutaten:
500 g Mehl
$^{1}/_{2}$ Würfel Hefe
60 g Zucker
knapp $^{1}/_{4}$ l lauwarme Milch
2 Eier
$^{1}/_{2}$ Teelöffel Salz
80 g Butter

knapp $^{1}/_{4}$ l Wasser
etwas Salz
50 g Butter

Zubereitung:
Einen Hefeteig zubereiten. Aus diesem ca. 10 Kugeln formen, alle auf eine bemehlte Arbeitsfläche setzen. Mit einem Tuch abdecken und etwa 30 Minuten gehen lassen. Nun Wasser, Salz, Butter in einer Kasserolle zum Kochen bringen, die Dampfnudeln hinein geben, dicht nebeneinander setzen. Zugedeckt bei schwacher Hitze köcheln lassen, bis die ganze Flüssigkeit eingezogen ist (ca. 30 Minuten). Während der Garzeit den Deckel nicht abnehmen, da die Dampfnudeln sonst zusammen fallen. Anschließend diese vorsichtig heraus nehmen und mit Vanillesoße oder Kompott servieren.

Zwergenstübchens Lieblings-Baguette

500 g Hartweizen-Grieß, 1 Päckchen Trockenhefe (nach Packungsanweisung ansetzen), etwas Salz, knapp 1/8 l lauwarmes Wasser zu einem glatten Teig kneten. Diesen mit einem Geschirrtuch abdecken, bei Zimmertemperatur so lange gehen lassen, bis er sich verdoppelt hat (ca. 2 Stunden). Danach den Teig kurz durchkneten, zu einem Baguette formen und auf ein gefettetes Backblech legen, nochmals 10 Minuten gehen lassen. Im vorgeheizten Backofen bei 200 Grad ca. 25 Minuten backen. Das Baguette ist ein sehr beliebtes und einfaches Zwergenstübchen-Rezept. Die Zwerge formen aus dem Teig auch gerne mehrere kleine Baguettes.

ZWERGENSTÜBCHENS GULASCH – FÜR EINE FUSSBALL ELF –

Zutaten:
1,5 kg Gulasch
500 g durchwachsener Speck
6 Zwiebeln
6 Paprikaschoten
750 g Tomaten
3 Gläser Champignons in Scheiben geschnitten
3 Flaschen Schaschlik- oder Zigeunersoße
4 Becher süße Sahne
etwas Salz, Pfeffer und Majoran

Zubereitung:
Gulasch, kleingewürfelter Speck, feingehackte Zwiebeln in Würfel geschnittene Paprika, kleingewürfelte Tomaten (zuvor enthäuten), abgetropfte Champignons, Soße und Sahne in eine Kasserolle geben, Gewürze zufügen, alles gut vermischen. Im vorgeheizten Backofen zugedeckt bei 200 Grad ca. 2 Stunden garen (zwischendurch umrühren).

Dieses Gulasch-Rezept reicht für 11 Personen. Da es einfach zu kochen ist und ausgezeichnet schmeckt, wird es besonders gerne für ein Essen mit Freunden ausgewählt. Werden Gäste erwartet, kann man das Gericht schon einige Stunden vorher komplett zubereiten. So muss es bis zum gemeinsamen Essen nur noch etwa 2 Stunden im Backofen garen.

Um diesem Rezept einmal eine andere Geschmacksrichtung zu geben, können noch einige kleingewürfelte Kartoffeln zugefügt oder etwa 30 Minuten vor Garende zwei Dosen Erbsen oder Mais (zuvor abtropfen lassen) untergerührt werden. Zum Gulasch Baguette oder Brötchen reichen.

JOGHURT-GURKENSUPPE

Zutaten:
150 g Toastbrot
1 Zwiebel
1/8 l Gemüsebrühe
4 Becher Naturjoghurt
2 Esslöffel Öl
1 Salatgurke
1/4 Bund Dill
etwas Knoblauchsalz und
Pfeffer aus der Mühle

Zubereitung:
Alle Brotscheiben in kaltem Wasser einweichen. Kleingeschnittene Zwiebel, Gemüsebrühe, Joghurt sowie das ausgedrückte Brot in den Mixer geben, gut vermischen, dabei nach und nach Öl zufügen. Anschließend die Suppe in eine Schüssel füllen.

Nun die zuvor geschälte, grob geraspelte Gurke, den feingehackten Dill unterrühren und würzen. Danach die Joghurt-Gurkensuppe etwa 1 Stunde kalt stellen. An heißen Sommertagen ist diese Suppe eine erfrischende Köstlichkeit.

BUNTER SALAT

Zutaten:
2 gelbe Paprikaschoten
5 Tomaten
1 Salatgurke
400 g Käse
z.B. Schafskäse,
Camembert oder
Blauschimmelkäse
1 Zwiebel
15 schwarze Oliven
3 Esslöffel Essig
6 Esslöffel Olivenöl
etwas Salz, Thymian
und Pfeffer aus der Mühle

Zubereitung:
Paprikaschoten der Länge nach halbieren (Kerne, Stiele entfernen). Danach mit der Hautseite nach oben im Ofen grillen. Sobald sich Blasen bilden, die Paprikahälften heraus nehmen, mit kaltem Wasser abschrecken und die Haut abziehen. Nun Tomaten-, Gurken-, Käsescheiben, Zwiebelringe, Paprikastreifen, Oliven auf einer Platte anrichten. Die Salatmarinade aus Essig, Öl, Gewürzen zubereiten und über den bunten Salat geben.

TOLLE BROTIDEEN AUS DER ZWERGENKÜCHE

... mit Geschnetzeltem

Zutaten:
4 Schnitzel
etwas Öl
etwas Salz, Pfeffer
und Paprika
2 Zwiebeln
1/8 l Gemüsebrühe
1 Becher süße Sahne
1 Esslöffel Speisestärke
10 Scheiben Toastbrot
10 Scheiben Hartkäse
1/4 l Milch
2 Eier

Zubereitung:
Die Schnitzel in feine Streifen schneiden, in heißem Öl anbraten, würzen. Aus der Pfanne nehmen und die Zwiebelwürfel im Bratenfond andünsten. Mit Gemüsebrühe ablöschen, 1/2 Becher Sahne sowie das Fleisch zufügen, ca. 5 Minuten köcheln lassen. Anschließend die mit etwas Wasser verquirlte Speisestärke unterrühren, kurz aufkochen. Das Geschnetzelte in eine gefettete Quiche- oder Auflaufform geben, darauf schindelartig die mit Käse belegten Brotscheiben schichten. Milch, restliche Sahne, Eier, etwas Salz und Pfeffer gut verrühren, über die Käse-Brotscheiben gießen. Im vorgeheizten Backofen bei 200 Grad ca. 30 Minuten backen. Blatt- oder Tomatensalat dazu reichen.

... mit Kräutern

Zutaten:
3 Brötchen
etwas Kräuterbutter
2 Zwiebeln
etwas Öl
300 g Champignons
250 g Salami
4 Esslöffel gemischte, gehackte Kräuter
etwas Kräutersalz
und Pfeffer
3 Eier
250 g Kräuterquark

Zubereitung:
Kleingewürfelte Brötchen in Kräuterbutter anbraten. Feingehackte Zwiebeln in heißem Öl glasig dünsten. Blättrig geschnittene Champignons und Salamiwürfelchen zufügen, mitbraten. Brotwürfel, Kräuter untermischen, gut würzen. Alles in eine gefettete Auflaufform füllen. Eier, Quark verrühren, mit Salz und Pfeffer abschmecken, über den Auflauf geben. Im vorgeheizten Backofen bei 200 Grad ca. 30 Minuten backen.

KARTOFFEL-KÜCHLEIN MIT GRÜNKOHL UND PILZEN

Zutaten:
200 g Kartoffeln
300 g Mehl
3 Eigelb
1 Esslöffel Butter
etwas Salz
1 Zwiebel
etwas Öl
250 g Champignons
125 g blanchierter Grünkohl
etwas Salz, Pfeffer und Thymian
Eiweiß zum Bestreichen
Semmelbrösel
Fett zum Ausbacken

Zubereitung:
Gekochte, geschälte Kartoffeln noch heiß durch die Kartoffelpresse drücken, erkalten lassen. Anschließend Mehl, Eigelb, Butter, Salz dazugeben, gut verkneten.

Für die Füllung Zwiebelwürfelchen in heißem Öl glasig dünsten, Champignonscheiben sowie den ausgedrückten, feingeschnittenen Grünkohl zufügen, mitdünsten und würzen. Nun den Teig auf einer bemehlten Arbeitsfläche ca. $^{1}/_{2}$ cm dick auswellen, Kreise von etwa 10 cm Ø ausstechen.

Auf diese jeweils in die Mitte der unteren Hälfte etwas Füllung geben. Jeden Kreisrand mit leicht zerschlagenem Eiweiß bestreichen, danach zum Halbkreis zusammen klappen, die Ränder andrücken. Alle Küchlein beidseitig ebenfalls mit Eiweiß bestreichen und in Semmelbrösel wenden, in heißem fett goldbraun ausbacken.

ZIGEUNER-BRATEN

Zutaten:
1 kg Schweinerücken
100 g Schinkenspeck
100 g Gouda
1 Scheibe Brot
etwas Senf
etwas Salz, Pfeffer
und Paprika
etwas Öl
1 Zwiebel
1 Möhre
1/4 l Fleisch- oder
Gemüsebrühe
1/2 Esslöffel Speisestärke
3/4 Becher Crème fraîche

Zubereitung:
Das Fleisch der ganzen Länge nach im Abstand von ca. 2 cm etwa 3 cm tief einschneiden. Schinkenspeck, Gouda, Brot fein schneiden, in die zuvor mit Senf bestrichenen Fleisch-Einschnitte füllen. Den Braten mit einer dünnen Schnur fest zusammen binden und gut würzen. Diesen in heißem Öl von allen Seiten anbraten, die Zwiebel-, Möhrenwürfel zufügen, kurz mitbraten. Danach mit Fleisch- oder Gemüsebrühe ablöschen. Im vorgeheizten Backofen bei 220 Grad etwa 1 1/2 Stunden garen. Anschließend das Fleisch heraus nehmen, einige Minuten stehen lassen. Nun die Schnur entfernen, den Braten in Scheiben schneiden. Speisestärke mit etwas Wasser verquirlen, in die abgeseihte Bratensoße einrühren, kurz aufkochen, Crème fraîche unterziehen. Den Zigeuner-Braten und die Soße zu Reis, Teigwaren oder Kartoffelsalat (Rezept Kartoffelsalat Seite 11) servieren.

UNGARISCHE DELIKATESSE

Zutaten:

Je 1 rote, grüne und gelbe Paprikaschote
1 Zwiebel
etwas Öl
200 g Gouda
800 g Bratwurstbrät
etwas Knoblauchsalz, Pfeffer und Paprika

Zubereitung:

Kleine Paprika- und Zwiebelwürfel in heißem Öl andünsten. Diese etwas abgekühlt mit dem kleingewürfelten Gouda unter das Bratwurstbrät geben und gut würzen. Die Masse in eine mit Back-Trennpapier ausgelegte Kastenform füllen. Im vorgeheizten Backofen bei 220 Grad ca. 40 Minuten backen.

PUSZTA-GULASCH

Zutaten:

600 g Gulasch
etwas Öl
1 Zwiebel
1 Knoblauchzehe
2 rote Paprikaschoten
600 g Sauerkraut
$^{1}/_{4}$ l Fleisch- oder Gemüsebrühe
1 Esslöffel Kümmel
1 Esslöffel Paprikapulver
etwas Salz und Pfeffer
2 Esslöffel Tomatenmark
1 Becher Crème fraîche

Zubereitung:

Gulasch in heißem Öl anbraten. Zwiebel, Knoblauchzehe fein hacken, Paprika klein würfeln, kurz mitdünsten. Sauerkraut sowie Fleisch- oder Gemüsebrühe zufügen, gut würzen, zugedeckt ca. 40 Minuten köcheln lassen. Tomatenmark, Crème fraîche vermischen, ca. 5 Minuten vor Garende unter das Sauerkrautgericht rühren, nochmals aufkochen. Sehr gut schmeckt das Puszta-Gulasch zu Kartoffelbrei (Rezept Kartoffelbrei Seite 44).

CURRYSAHNE-LENDE

Zutaten:
1 große Lende
10 g Mehl
15 g Butter
1 Becher süße Sahne
1/8 l Milch
1 1/2 Teelöffel Salz
1/2 Teelöffel Pfeffer
1 Teelöffel Curry
1 Teelöffel Paprika
1 Ecke Schmelzkäse

Zubereitung:
Das Lendenstück in eine gefettete Auflaufform legen. Mehl, Butter zu einer Kugel kneten und in die Form geben. Sahne, Milch, Gewürze verquirlen, über Fleisch und Kugel gießen. Die Auflaufform zudecken. Im vorgeheizten Backofen bei 220 Grad ca. 45 Minuten garen.

Das Fleisch heraus nehmen, kleingeschnittenen Schmelzkäse zur Sahnesoße geben, cremig schlagen. Sollte die Soße zu dick sein, etwas heiße Gemüsebrühe zufügen. Die in Scheiben geschnittene Lende mit der Currysahne-Soße anrichten. Dazu Blattsalat, Reis oder Weißbrot reichen.

SCHINKEN-PFANNKUCHEN

Zutaten:
250 g Mehl
4 Eier
etwas Salz
1/2 l Milch
150 g Schinken
1/2 Bund Petersilie
Öl zum Ausbacken

Zubereitung:
Mehl, Eier, Salz, Milch zu einem glatten Teig verrühren. Kleingeschnittenen Schinken sowie feingehackte Petersilie untermischen. Danach dünne Pfannkuchen in heißem Öl ausbacken.

GEFÜLLTER HACKBRATEN

Zutaten:
2 Brötchen vom Vortag
1 Zwiebel
1/2 Bund Petersilie
etwas Öl
750 g Hackfleisch
2 Eier
etwas Salz, Pfeffer,
Paprika und Majoran

3 hartgekochte Eier

Zubereitung:
Die zuvor in Wasser eingeweichten, gut ausgedrückten Brötchen mit kleingewürfelter Zwiebel, feingehackter Petersilie in heißem Öl andünsten, Etwas abgekühlt zum Hackfleisch geben, Eier, Gewürze zufügen und vermischen.

In eine gefettete Kastenform die Hälfte der Fleischmasse füllen, Eier darauf verteilen, mit dem restlichen Hackfleisch abdecken. Im vorgeheizten Backofen bei 200 Grad ca. 1 Stunde backen, danach in der Form auskühlen lassen. Den kalten Braten in Scheiben schneiden. Dazu schmeckt besonders gut Kartoffelsalat (Rezept Kartoffelsalat Seite 11).

PAELLA – SPANISCHES REISGERICHT

Zutaten:
400 g Schweinefleisch
etwas Olivenöl
3 Zwiebeln
2 Knoblauchzehen
3 Paprikaschoten
5 Tomaten
1/4 l Gemüsebrühe
etwas Salz und Pfeffer
400 g Hähnchenfilet
3 Kochbeutel Langkornreis
etwas Safran
300 g Erbsen
300 g Krabben
200 g Miesmuschelfleisch

Zubereitung:
Fleisch würfeln, in heißem Öl anbraten. Zwiebeln, Knoblauchzehen fein hacken, Paprika, enthäutete Tomaten klein schneiden, alles zufügen, andünsten. Danach mit Gemüsebrühe auffüllen, würzen, etwa 30 Minuten köcheln lassen. Hähnchenfiletwürfel ebenfalls in heißem Olivenöl anbraten und würzen. Reis nach Packungsanweisung kochen, gut abgetropft in eine Schüssel füllen, den mit etwas Wasser angerührten Safran untermengen. Anschließend das mit Paprika und Tomaten zubereitete Fleisch, Hähnchenfiletwürfel, Reis, Erbsen, Krabben, Muscheln in eine große, gefettete Auflaufform geben, alles vermischen. Im vorgeheizten Backofen bei 200 Grad ca. 15 Minuten garen.

LECKERES FISCHFILET

Zutaten:

30 g Butter
20 g Mehl
1/8 l Gemüsebrühe
1/8 l Milch
etwas Zitronensaft,
Salz und Pfeffer
1 Eigelb
100 g geriebener Hartkäse
1 Bund Dill
500 g Kartoffeln
250 g Möhren
250 g Erbsen
500 g Fischfilet

Zubereitung:

Butter erhitzen, das Mehl darin anschwitzen, nach und nach Gemüsebrühe, Milch zufügen, einige Minuten köcheln lassen. Anschließend mit Zitronensaft und Gewürzen abschmecken, danach verquirltes Eigelb einrühren. Käse, feingehackten Dill untermischen. Nun die dünn geschnittenen Kartoffel- und Möhrenscheiben in eine gefettete Auflaufform schichten. Die Hälfte der Soße darüber gießen, darauf Erbsen sowie den mit Zitronensaft, Salz, Pfeffer gewürzten Fisch geben und mit der restlichen Soße bedecken. Im vorgeheizten Backofen bei 200 Grad ca. 1 Stunde backen.

Süße Küchlein – Seite 48

Ungarische Delikatesse – Seite 57

INHALT

Seite

Die erfolgreichen

Elke und Timo Schuster
Margret Hoss
Aufläufe & Co.
64 S. / gebunden
29,7 x 21 cm
€ (D) 9,95 € (A) 10,30
ISBN 978-3-7806-2001-9

Elke und Timo Schuster
Johanna Ignjatovic
Backgeheimnisse
64 S. / gebunden
29,7 x 21 cm
€ (D) 9,95 € (A) 10,30
ISBN 978-3-7806-2000-2

Elke und Timo Schuster
Margret Hoss
Geburtstagsbuch
64 S. / gebunden
29,7 x 21 cm
€ (D) 9,95 € (A) 10,30
ISBN 978-3-7806-2010-1

Elke und Timo Schuster
E. Zeidler und M. Rohrbeck
Backbuch
64 S. / gebunden
29,7 x 21 cm
€ (D) 9,95 € (A) 10,30
ISBN 978-3-7806-2011-8

Elke und Timo Schuster
E. Zeidler und M. Rohrbeck
Familienküche
48 S. / gebunden
29,7 x 21 cm
€ (D) 9,95 € (A) 10,30
ISBN 978-3-7806-2032-3

Elke und Timo Schuster
Margret Hoss
Backen für Freunde
64 S. / gebunden
29,7 x 21 cm
€ (D) 9,95 € (A) 10,30
ISBN 978-3-7806-2004-0

Koch- und Backbücher

Elke und Timo Schuster
Margret Hoss
Kartoffelkiste
64 S. / gebunden
29,7 x 21 cm
€ (D) 9,95 € (A) 10,30
ISBN 978-3-7806-2003-3

Elke und Timo Schuster
Margret Hoss
Feine Waffeln - Tolle Muffins
64 S. / gebunden
29,7 x 21 cm
€ (D) 9,95 € (A) 10,30
ISBN 978-3-7806-2023-1

Elke und Timo Schuster
Margret Hoss
Kochen für Freunde
64 S. / gebunden
29,7 x 21 cm
€ (D) 9,95 € (A) 10,30
ISBN 978-3-7806-2005-7

Elke und Timo Schuster
Margret Hoss
Nudelzauber
64 S. / gebunden
29,7 x 21 cm
€ (D) 9,95 € (A) 10,30
ISBN 978-3-7806-2002-6

Elke und Timo Schuster
Margret Hoss
Feine Waffeln – Tolle Muffins
64 S. / gebunden
29,7 x 21 cm
mit Muffinförmchen
€ (D) 14,95 € (A) 15,40
ISBN 978-3-7806-1073-7

Mit schönen Etiketten zum Beschriften

Elke und Timo Schuster
Eva Zeidler und Manfred Rohrbeck / Margret Hoss
Lieblings-Kochrezepte
48 S. / gebunden / mit Stickern
26,8 x 19 cm
€ (D) 9,95 € (A) 10,30
ISBN 978-3-7806-2025-5

Elke und Timo Schuster
Eva Zeidler und Manfred Rohrbeck / Margret Hoss
Lieblings-Backrezepte
48 S. / gebunden / mit Stickern
26,8 x 19 cm
€ (D) 9,95 € (A) 10,30
ISBN 978-3-7806-2027-9

Elke und Timo Schuster
E. Zeidler und M. Rohrbeck
Pfannkuchen & Co.
64 S. / gebunden
29,7 x 21 cm
€ (D) 9,95 € (A) 10,30
ISBN 978-3-7806-2007-1

Elke und Timo Schuster
Margret Hoss
Salate
64 S. / gebunden
29,7 x 21 cm
€ (D) 9,95 € (A) 10,30
ISBN 978-3-7806-2024-8

Elke und Timo Schuster
Margret Hoss
Suppen & Eintöpfe
64 S. / gebunden
29,7 x 21 cm
€ (D) 9,95 € (A) 10,30
ISBN 978-3-7806-2015-6

Elke und Timo Schuster
Margret Hoss
Reisküche
64 S. / gebunden
29,7 x 21 cm
€ (D) 9,95 € (A) 10,30
ISBN 978-3-7806-2009-5

Elke und Timo Schuster
Margret Hoss
Süße Früchte
64 S. / gebunden
29,7 x 21 cm
€ (D) 9,95 € (A) 10,30
ISBN 978-3-7806-2019-4

Elke und Timo Schuster
Margret Hoss
Torten-ABC
64 S. / gebunden
29,7 x 21 cm
€ (D) 9,95 € (A) 10,30
ISBN 978-3-7806-2014-9

Elke und Timo Schuster
Margret Hoss
Rezepte für Feste
64 S. / gebunden
29,7 x 21 cm
€ (D) 9,95 € (A) 10,30
ISBN 978-3-7806-2021-7

Elke und Timo Schuster
E. Zeidler und M. Rohrbeck
Zauberhafte Backrezepte
64 S. / gebunden
29,7 x 21 cm
€ (D) 9,95 € (A) 10,30
ISBN 978-3-7806-2026-2